Norma Dunning

Tarte à l'esquimaude

Une poétique de l'identité inuit

Traduit par Hatouma Sako

BookLand
press

BookLand Press Inc.
15 Allstate Parkway, Suite 600
Markham (Ontario) L3R 5B4
www.booklandpress.com

Œuvre de la page couverture : Annamareva

Imprimé au Canada

Catalogage avant publication de Bibliothèque et Archives Canada

Titre: Tarte à l'esquimaude : une poétique de l'identité inuit / Norma Dunning ; traduit par Hatouma Sako.
Autres titres: Eskimo pie. Français.
Noms: Dunning, Norma, auteur. | Sako, Hatouma, traducteur.
Description: Mention de collection: Modern indigenous voices | Poèmes. | Traduction de : Eskimo pie: a poetics of Inuit identity.
Identifiants: Canadiana (livre imprimé) 20210378913 | Canadiana (livre numérique) 20210378956 | ISBN 9781772311556 (couverture souple) | ISBN 9781772311563 (EPUB)
Vedettes-matière: RVM: Inuits—Canada—Poésie.
Classification: LCC PS8607.U5539 E9514 2021 | CDD C811/.6—dc23

Nous reconnaissons l'appui financier du gouvernement du Canada. Nous remercions le Conseil des arts du Canada de son soutien. L'an dernier, le Conseil a investi 153 millions de dollars pour mettre de l'art dans la vie des Canadiennes et des Canadiens de tout le pays. Nous remercions le Conseil des arts de l'Ontario (CAO), un organisme du gouvernement de l'Ontario, de son soutien.

Le silence n'est pas d'or.

À tous ceux qui ont su avant moi
que j'étais une poètesse. Ma'na.

Une vieille femme inuit

Une vieille femme inuit prend le frais
marchant d'un pas tranquille b'jour Toundra
des petites filles de chaque côté,
se tiennent les mains comme si elles ne faisaient qu'une.
Elle est l'Aînée,
Elles sont les élèves.
Elle les emmène sur la crête de la petite colline
Où les filles se penchent pour ramasser des brindilles.

C'est une tâche simple.

Ce qu'elles rapportent allumera les feux
fera bouillir la viande de caribou.
Ce qu'elles rapportent alimentera les braises
lors des nuits humides du printemps
pendant que les autres dorment.

Les filles courent à travers la colline,
font de petites piles de bouts de bois
qu'elles apportent à la vieille femme
De ses mains brunes et ridées elle évalue la longueur
et cassent les petits bouts de saule en tailles égales.

Elle tâte pour savoir s'ils sont bien secs et les enveloppe
un par un dans un morceau de peau de caribou.

Les fille gambadent de chaque côté de la colline
lorsque leur tâche prend fin,
l'Ainée tombe lourdement au sol.
Deux têtes se retournent vers le bruit de la chute.

Les filles accourent pour relever la vieille femme.
l'aident à se tenir debout
une de chaque côté.
La vielle femme garde avec elle le fagot de saule,
l'attache sur son dos courbé.
Elle prend la main de chaque fille
et elles guident l'Aînée jusqu'au camp.

La vieille femme est aveugle
et les filles sont sourdes.
Ensemble elles accomplissent une tâche utile.
C'est ainsi qu'elles gardent une fonction
dans le groupe.
C'est ainsi qu'elles se gardent en vie.

Mamaqtuq
(C'est bon au goût ou Ça a une bonne odeur)

Sortir de mes peaux
pour sentir le vent.
Regarder de tous côtés
que les ombres apparaissent.
Les femmes rassemblent
brindilles et mousses, tuent les
kuutsiutiit,
les petits gardiens de
la vie minuscule.
Ilnautuq.
Je rampe, je glisse le long des
taaluit,
Je sens l'odeur du vent.

Une proclamation esquimaude

Nous sommes venus ici pour vous rendre meilleurs
Vous enseigner l'église et le tricotage de chandails

Nous avons changé vos noms et les avons rendus corrects
Vous, sales bestioles bagarreuses

Nous vous avons appris à vous laver les mains
Nous vous avons sorties de vos terres hostiles

Nous vous avons fait entrer dans notre âge des lumières
Nous avons inscrit vos noms sur le registre
du recensement

Vous êtes plus heureux que vous ne l' aviez jamais été
Vous avez enfin vu un meilleur côté de la vie

Notre mission est bientôt terminée
Vous ne mangerez plus de viande crue

Vous serez les soldats de notre Dieu
Vous gens de peu que nous avons apprivoisés

Vous nous remercierez pour tout cela
un jour prochain
Et sur votre terre, nous resterons à jamais

Inukshuk

ça te disait où

se trouvait l'eau

les fleuves de la vie humaine

ont entendu le cri plein de larmes

le cri de confiance

ça t'a réconforté
ça te faisait seulement savoir

une seule chose

que quelqu'un d'autre avait été

dans ce désert glacé

avant toi et
qu'il avait survécu
ça donnait espoir

à ceux qui étaient perdus et
ce qui comptait n'était pas le nombre
des gens avec toi
ça signifiait que tu n'étais pas
seul

tes mains emmitouflées
caressent ses contours rugueux
et sentent les courants électriques de
la résistance

Tarte à l'esquimaude I

Trouvé dans l'article intitulé
«Eskimo Pie» sur Wikipédia

YÉ BO

Permettez-moi de dire que nous avons

DES TARTES À L'ESQUIMAUDE

Pas seulement à la vanille, au chocolat et à la fraise,
mais aussi combinant tous ces parfums.

Une tarte à l'esquimaude est
une barre de crème glacée recouverte de chocolat,
enveloppée dans un papier d'étain
et qui peut être dégustée comme une
barre chocolatée.

Vendues dans nos
BOUTIQUES DE PRODUITS LAITIERS

Et par nos distributeurs
REICHARDT'S
WHETSTONE'S
RACINE'S
THE ACADEMY

10 sous

Achetez les produits de qualité de Sidwell's

SIDWELL'S
La maison des produits laitiers pasteurisés

Ma réponse à cette publicité :

YEAH BRO

Permettez-moi de dire que nous avons

Des MENSONGES À L'ESQUIMAUDE
Pas seulement dans le nord du Canada et
Dans les centres urbains, mais dans la
combinaison de tous ces parfums.
LE MENSONGE À L'ESQUIMAUDE
est un concept des peuples du Nord
recouvert de sucre.
Vendu dans les
BUREAUX GOUVERNEMENTAUX,
et par les gens ordinaires
LIBÉRAUX,
Ceux du PC, la GRC,
ET L'ACADÉMIE

ABSURDE
Achetez des mensonges à l'esquimaude –
UN PRODUIT DE QUALITÉ DU CANADA
La maison de l'histoire PASTEURISÉE des Inuit

Kudlik

Cette lampe est plus que sa lumière
Elle a en partage dans son ombre les rires,
Les cris et les larmes de jadis
Les pleurs d'une maladie qui nous change à jamais.

Échos de la tuberculose.

Autrefois nous étions en bonne santé,
Et nous réunissions des *manniit.*
Nous dormions en paix sous les étoiles du printemps.
On entendait nos fous rires et soupirs se mêler
Seulement aux bruits de la terre.

La maladie nous a déportés de chez nous
loin, très loin
Elle nous a enfermés dans des prisons aux murs blancs.
Nous toussions et crachions le sang de nos *puvait*
Nous languissant de chez nous.

Plus de *qulliq* pour réchauffer nos âmes,
Réchauffer nos cœurs,
Enflammer nos vies, nourrir nos estomacs.
Notre révolution est venue
avec une bactérie *kabloona,*
Et la lumière du *kudlik* a baissé.
Des volutes noires ont répondu à nos cris,
Éteignant d'un souffle la mèche de notre être d'autrefois.

Naukkuuqpit
(Par où es-tu passé?)

Quand je suis venu dans cet endroit je toussais.
C'était une toux rouge et ça me faisait mal.
Mes os hurlaient de douleur mais mon cœur
battait encore.

Je ne comprenais pas. Comment était-ce possible?

Quand je suis venu dans cet endroit, j'ai dû rester
couché dans un lit blanc.
Un lit blanc avec des draps blancs et
des lumières blanches.
Les gens aussi étaient blancs,
des personnes blanches dans
Des robes blanches ou des chemises blanches,
elles me disaient des mots
que je ne comprenais pas mais mon cœur
continuait à battre.

Je pouvais regarder par la fenêtre et voir encore plus
de personnes blanches.
Des personnes blanches dans des voitures noires,
parfois de nombreuses voitures
Et ensuite toutes les voitures disparaissaient
puis revenaient,
Plus tard dans la journée.
Dans cet endroit, même les nuits sont blanches.

Il y avait d'autres personnes qui toussaient comme moi
Ils parlaient un peu comme moi,
Mais ne terminaient pas leurs mots correctement.
On m'apportait une nourriture blanche,
Des pommes de terre en purée et une soupe
blanche chaude.
Ça n'avait aucun goût, même pas la neige.

Un jour, après de nombreuses
nuits blanches
Mon cœur a cessé de battre et ma
toux rouge s'est calmée.
Maintenant je suis allongé dans cet endroit,
sous terre et je sais
Ce qui est au-dessus de moi, mais ce n'est pas chez moi.

Itqumilaq (ainsi vont les choses)

Réflexions sur la fosse commune de l'hôpital Charles Camsell à Edmonton, AB. Il y a 22 corps d'enfants autochtones enterrés dans le jardin côté est du site actuel. Le site n'a jamais été fouillé. Les corps et les identités de ces enfants n'ont jamais été retournés chez eux ou reconnus officiellement. Les familles n'ont toujours pas été informées de leur mort. Toutes les archives de l'hôpital relatives à l'ère de la tuberculose ont été détruites. Parmi ces enfants, cinq d'entre eux seraient des Inuit. (Trotten, S.; Hitchcock, R. 2001, Genocide of Indigenous Peoples*).*

Est-ce que ça veut dire qu'elle n'a pas existé?

Ancêtres Point C A
Les Blancs aiment faire ça
Ils appellent ça généé-allo-gii.

Ça les excite, ils en parlent aux autres
Forment des groupes, créent des sites internet, et
S'auto-déclarent
Soo-sii-éé-téé.

Ils s'enferment dans des archives
Fouillent profondément un passé dont ils peuvent se réclamer
Et comme des enfants, ils crient :
« Je l'ai trouvé! »
« Je suis parent avec le Roi d'Angleterre! »
« Ma Tante était l'épouse d'un soldat étranger! »
« Mon Oncle était un pirate! »

Elle n'a jamais eu d'acte de naissance.
Est-ce pour autant qu'elle n'a jamais existé?

Le système de disque l'a loupée.
Elle n'a jamais eu à porter le lacet autour du cou
À cette époque, elle s'activait dans un pensionnat.

Il n'y avait pas de numéro à la place de son nom.
Est-ce pour autant qu'elle n'était pas Inuit?

Aucun document officiel du Gouvernement pour dire
Qui ou quoi ou quand elle a existé.
Pas de numéro de disque pour enregistrer son souffle.

Elle n'a jamais eu de passeport parce qu'elle n'a jamais eu
un numéro de disque parce qu'elle n'a jamais eu d'acte
de naissance.

Une Inuk qui se tient toute seule

J'ai appris ça de ma anaana :
Être qui je suis sans besoin d'une bénédiction
ou d'un hochement
De tête approbateur de quiconque

J'ai appris qu'une carte en plastique n'est pas ce
qui définit un Inuk
Peu importe où je me tiens je suis seulement Inuit

J'ai appris que la langue ne me rend pas meilleure
ni plus ni moins

De nombreux enfants n'ont pas
appris l'inuktitut, en particulier
Après vos échappées belles au sud dans les bras
d'hommes blancs

Je ne serai pas reçue parmi les esprits du Nord
en forme d'igloo.
Vos harpons sociaux étaient des leurres
qui frappent de côté

Je parle à partir de ce que je sais
De ce qu'elle m'a enseignée sur la façon d'être.

Est-ce que je peux être rejetée pour ne pas être
« traditionnelle »?
Qu'est-ce que ce mot veut dire?

Je ne mange pas de muktuk, et rappelez-vous
nos ancêtres
Ne le trempaient pas dans la sauce soya ou le ketchup

Beaucoup d'Inuit n'ont jamais vécu sur
La toundra ou chassé le phoque.

Il vient un temps où mettre tout cela de côté
Et s'accepter les uns les autres avec amour et
compréhension

J'attends ce moment. Pour l'instant et peut-être
Pour toujours je resterai

Une Inuk qui se tient seule

L'Esquimaude du bitume

Mes orteils ne frappent pas le sol de la toundra,
ils évitent les crevasses des chaussées dans les rues
de la ville.
Je n'ai jamais porté de mukluks
pour dire qui je suis.
Je n'ai jamais parlé la langue
Ainsi tout le monde peut me comprendre.

Mes orteils ne frappent pas le sol de la toundra.
Mais je suis là. Je suis l'une d'eux,
Même s'ils ne veulent pas que je le sois.
Même s'ils me regardent et s'étonnent,
non tu ne l'es pas, tu n'en as pas les traits.
Parce que dans la tête de tout le monde, il y a une idée.
Une idée de ce à quoi ressemble un Eskimo
Et comment il sonne et ce qu'il sent.

Mes orteils ne frappent pas le sol de la toundra,
les miens me regardent du haut
De leur territoire plus au nord et se questionnent,
non tu n'es pas, tu n'en as pas les traits
Parce que dans la tête de tout le monde se trouve
une idée.
Une idée de ce à quoi ressemble un Inuk
À quoi ressemble sa voix, à quoi ressemble son odeur.

Mes orteils ne frappent pas le sol de la toundra,
mais je suis ce que je revendique être,
Ma mère était l'une d'entre eux et elle me les a donnés,
Qu'on le veuille ou non.

Mes orteils ne frappent pas le sol de la toundra,
ils évitent les crevasses dans les rues de la ville
Et se demandent,
si quelqu'un
voudra jamais
m'accepter
comme je suis.

Femme de trappeur
(Pour ma Tatie)

C'est soit le silence,
Soit le vent qui me plie en deux.

Le vent est la seule chose qui brise ce calme
quotidien, interminable.
La seule rafale qui passait est entrée
à l'intérieur d'un courant d'air.

« Barren Lands » qu'ils l'appellent.
Complètement stériles,
Comme mon utérus.

Les arbustes frissonnent et les baies rebondissent
Mais rien ne dépasse ma cheville.

Ce n'est que l'automne, et déjà le froid
Tranche dans les creux de mes joues
Des stalactites se balancent aux poils de mon nez
Sonnent comme de minuscules carillons des vents.

Parfois je crie le nom de mon mari
Pour arrêter le bruit de mes pensées.

J'essaye de me souvenir, nous sommes ici
Pour faire fortune grâce au petit renard blanc
Qui prospère dans cette toundra pleine d'échos.

Chez nous les gens les portent
Nous sommes des gens de la
Compagnie de la Baie d'Hudson.

Je me languis d'entendre la voix d'une autre femme.

Pôles opposés

Le canapé vert spongieux s'affaisse d'un côté,
le côté où est assise ma Tatie inuit.
Son nombril fait des montagnes russes par-dessus
ses rotules comme une grosse bille quand
elle glousse près de ma mère.

Miroirs l'une de l'autre, cheveux sombres,
yeux noirs bridés,
peau légèrement bronzée.
Leurs têtes s'inclinent du même côté quand elles rient
mais elles sont différentes.

Ma mère est mince.
Sa main gauche tient une cigarette
roulée à la main, la fumée peint à
coups de pinceaux
des tâches de nicotine sur ces longs ongles limés
en forme d'amande.

Tatie ne fume pas.
Ces mains sont carrées.
Ses ongles courts.
Elles parlent du boucan au sous-sol.
Tatie dit qu'elle veut y aller, pour voir cette fête
Maman a un fou rire et lui dit que c'est
les ordures,
le local à ordures.

Le bedaine de Tatie éclate en un tsunami de rires
« Je pensais que c'était un endroit où aller pour
faire du bruit, » s'exclame-t-elle.
« Je pensais que c'était un endroit où aller pour
emmerder le monde! »

À première vue, elles se ressemblent mais
Tatie dérange Maman.
Tatie ramène avec elle tous les souvenirs du nord
dont on ne parle pas, qu'on ne partage pas.

Elle apporte avec elle des temps difficiles et tristes.
Le couvent. Être orphelines.
Elle est le seul lien avec le monde réel de ma Mère.
Le monde que Maman ne cesse de cacher chaque
jour dans ses verres de vin rouge.

Elle rient comme deux vieilles ourses blanches quand elles
sont ensemble, leurs yeux se plissent, leurs têtes
se balancent à l'unisson mais à l'intérieur elles demeurent
deux pôles opposés.

Ma langue maternelle

Ne la parle pas.
N'en parle pas.
Et n'y pense pas.

Ne la dis pas.
Ne la marmonne pas.
Ne la mets pas dans tes rêves.
Ne la chuchote pas.
Ne laisse pas ces mots s'échapper
De tes lèvres jusqu'aux oreilles de ta sœur.

Ne laisse jamais personne
l'entendre.
Garde-la à l'intérieur de toi.
Verrouille-la dans ta gorge.

Ne laisse jamais ces mots sortir.
Ces mots que ta mère te chuchotait
avant que tu n'aies vu le ciel.
Ces mots qui te disaient qui et où et qu'est-ce que tu étais.
Maintenant tu es ici.

Ces mots sont des mauvais mots.
Ils sont sales.
Ils sont laids.
Ils ne veulent rien dire ici.
Ils ne voudront jamais rien dire.

Les robes à capuchon t'ont dit de parler correctement,
Cesse ces pleurs.
Arrête ces mots.
Elles te frappent et te frappent
Et tu sais que tu ne peux pas la parler.

Plus jamais.
Mets-toi à genoux et demande pardon.
Ne la parle pas.
N'en parle pas et n'y pense pas.

La langue de ma propre mère n'est jamais venue à moi.
Ses premiers mots m'ont été enlevés
Et je ne peux les donner à personne.
Ce n'est pas de sa faute.

La parles-tu?

D'épais flocons de neige tombent du ciel gris et froid
Et fondent sur la question brûlante qui remplit
ses yeux
La parles-tu? Sa langue brûle de demander
Je sais ce qui se passe, elle veut démasquer.

Le but de la question?
La preuve que je suis Eskimo.
Seuls les peuples autochtones doivent fournir
La preuve plaintive qui les orientera

Être mesuré avec un mètre gradué en langue bizarre
Hauteur, largeur inscrites sur une barre
Personne d'autre n'a besoin de passer un tel test
Un Allemand, un Suédois ou
une étoile d' hiver.

Tarte à l'esquimaude II
(Une recette facile pour les Inuit
qui nécessite une colonisation)

Oh donne-moi une part de cette tarte à l'esquimaude!

(Appareil)
16 gaufrettes de chocolat broyées
4 cuillères à soupe de beurre fondu

Un pan entier de l'humanité
Gardé au frais dans un pensionnat, laissé pour mort
Laisse-moi voir ce petit visage brun joufflu
bien emballé

(Garniture)
Avec 32 guimauves
Une demi-tasse de lait
Un huitième de cuillère à table de gms

Souriant à l'intérieur d'un espace cadenassé

Inclure :
Une cuillère à soupe de vanille et
Une tasse de crème fraîche épaisse fouettée
Battre les petits païens, les remettre à leur place

Faire fondre les guimauves, en même
temps que leurs langues maternelles
Blanchir avec du lait,
Ajouter le sel aux plaies

Mettre la vanille dans un bain-marie
Régler à feu vif
Amener à ébullition

Laisser cuire à feu doux, passer au tamis
pour retirer tous leurs parents

Laisser refroidir la garniture
Incorporer à la crème fouettée
Verser dans un plat à tarte

Découper et Assimiler

(Quantité suffisante pour 65,000 Inuit. Cette recette peut être légèrement modifiée pour inclure les Premières Nations et les Métis canadiens)

Je ne veux pas savoir

Je ne veux pas savoir à quoi ça ressemble d'être Eskimo.

Je vis dans un monde d'iPods et d'iPhones,
toutes mes communications se font par texto.

Je porte des lunettes D&G dans mon appartement
de la haute tour
d'où je peux contempler la ville.
J'ai la PS1 et la PS2, la Xbox et je t'aime maman,
mais je ne veux pas savoir à quoi ça ressemble
d'être Eskimo

J'ai les réverbères et le bruit des sirènes pour
m'accompagner la nuit
Ce n'est peut-être pas bien, mais…
Je ne veux pas savoir à quoi ça ressemble d'être Eskimo.

Ne me parle pas d'Angaviadnak
Ou des coutumes du Nord de grand-maman
J'ai du hip hop nonstop et du rap pour remplir
mes journées.

Qu'est-ce que ça m' apporterait de faire un voyage
dans le passé?
Une grosse boutade
Une petite gorgée de thé pour me réchauffer
la colonne vertébrale.

J'entends les oies, je regarde vers le haut
Je sais qu'elles vont vers le nord
Mais j'ai des Ipods et des Iphones
Du Hip hop nonstop et du rap pour remplir mes journées.

Elles me klaxonnent de là-haut,
me demandent de les suivre.
Mais Maman, j'ai un ordi, un vrai boulot et
Franchement tu ne sais pas de quoi tu parles.

Parce qu'au final :

Je ne veux pas savoir à quoi ça ressemble d'être Eskimo.

Bunn

Seulement un autre enfant autochtone
Mort à Edmonton.
Allongé là au milieu de la neige qui fond
et des arbres bourgeonnants.
Un terrain de golf où les Blancs s'offrent du sport
et un plaisir luxueux.

Elle est belle.
Même morte elle est belle.
Mais elle n'est qu'un de ces enfants inuit
Qui meurent sans-abris à Edmonton.

Partager des bouteilles de vin pas chères
Avec sa mère.
Dormir dans les parcs de stationnement,
Noyer la veille dans le pinard,
Brouiller la journée à venir dans les brumes de l'alcool.

Les flics n'arrivent pas à savoir qui elle est.
Mettent des photos de son chandail à capuche
Dans le Journal d'Edmonton.
Trouvent un nom.
Découvrent une mère qui dit
Qu'elle allait bien la dernière fois qu'elles ont
dormi ensemble,
En cuillère, sur le sol, à même le béton.

Les articles disent « Aucune preuve d'assassinat »
Une fille Inuk qui meurt sur un terrain
de golf est normal.
Pas besoin de chercher plus loin,
Les rapports toxicologiques expliqueront cette vie.

Seulement 19 ans, mais quelle importance?
Juste un autre Inuk bourré,
Une nouvelle version féminisée du « Skid Row Eskimo. »
Apakark et Takkuruq,
Des versions d'Adam et Ève dans la rue.

Son fils lui a été retiré deux jours après sa naissance.
Deviendra-t-il un autre Caïn?

Alors que le reste du monde met en œuvre
Les principes hideux et insidieux du colonialisme,
Les green poussent toujours plus verts.
Les bourgeons éclosent sur les branches
Pendant que son esprit erre sur le terrain
Et entend des gens s'inquiéter des bogueys,
birdies et bunkers.

Écrit en mémoire de Kerry Takkiruq, dont le corps a été retrouvé sur un terrain de golf d'Edmonton en avril 2011.

Tu n'es jamais allé en enfer pour des péchés véniels

Une vie difficile qui débute comme bébé dans les
T.N.O. puis une vie simple de chasse et de
trappe, de fuite et de fuite
s'enfuir du pensionnat
il aurait du être là pour que son père
reçoive les chèques du gouvernement
basés sur les relevés officiels
de l'école du garçon mais le le pays l'a attiré
il l'a piégé et appelé par
son nom encore et encore
et encore jusqu'à ce qu'il fuie et vive
jeune et seul mais libre et heureux sur une terre
plate et stérile à douze ans

L'aventure lui a fait signe il alla en Alberta
faire de l'argent
faire la fête et vivre la grande vie des drogués
il arrive par avion pour travailler
sur les plateformes pétrolières
sachant que le gars du gouvernement va
t'apprendre à conduire
et à t'occuper des grosses machines tu auras un emploi
tu seras vraiment quelqu'un quand tu retourneras à Tuk
le seigneur de la route! À dix-neuf ans

Jugé pour meurtre pauvre minable
vous les autochtones tous ivrognes et sans-abris
vous êtes tous les mêmes de toutes façons hein
vraiment pourquoi vous pouvez pas faire
fonctionner votre caboche
et passer à autre chose tabarnak!

C'est pas moi qui t'ai mis dans cette camisole de force
ou c'te câlisse d'établissement
sans-abri, mon cul- c'est ton choix t'aimes ça
les nuits sans fin
la tête dans le brouillard dans les rues d'Edmonton
à siffler du cherry et à tringler ces vieilles riches
sur les sièges arrière de leurs cadillacs

Anthony Apakark Thrasher est mort dans un parc de station-nement du centre-ville d'Edmonton en juillet 1989. Le titre de ce poème est emprunté au premier chapitre de son autobio-graphie, Skid Row Eskimo.

La coiffure St. Norbert

Tire.
Étire au max.
Peigne rose plongé dans la chope à bière.
Enroule les longs et épais cheveux en cercles torsadés.

C'est comme attacher un cheval avec une sangle
Genou relevé sous l'épaule
Expulse l'air des poumons du cheval.
Il expire,
Tire vite et fort
Tire d'un coup sec pour raidir la boucle
Ça expire.
La selle tient en place, stable.

Maman mouille ses ongles pointus,
Elle va et vient avec les mèches de leur crinière
Puis les attache à chaque côté de leur tête.
Et les sécurise au bout dans des gros élastiques bruns
Tresses au poids mort
Qui pendent sur des épaules affaissées.

Tresses noires ramenées bien serrées vers l'arrière
Leurs yeux sont plus bridés qu'à l'habitude
Leurs pupilles prêtes à sortir de leur orbite
Me disent que j'ai de la chance d'avoir
Une coupe à la garçonne.

Je suis jalouse.
J'aimerais tant avoir de longs cheveux.

Je veux les tresses intu'dlit bien serrées que Maman
appelait « françaises ».

Maman mouille le peigne rose et
Doucement les dents en plastique mouillées tressent
autour de ma tête,
Elle me parle en ronronnant de l'« ondulation »
Dans mes cheveux pendant qu'elle dessine des cercles.

Des années plus tard, je suis tombée sur des photos de
son pensionnat en ligne.
Assise dans mon salon, je me demande
Pourquoi m'a-t-elle affublée de la coiffure de
St. Norbert?

L'entretien d'embauche de l'Eskimo symbolique

MAIN D'ŒUVRE RECHERCHÉE!
TAUX HORAIRE: $20/HR
LUNDI - VENDREDI 8 AM - 4 PM
INTITULÉ DU POSTE : ?

EMPLOYEUR: Nous sommes une entreprise détenue et gérée par des Inuit.
INUK: Hmm, hmm.

EMPLOYEUR : Nous sous-traitons nos services à toutes les compagnies minières du Nunavut.
INUK: Hmm, hmm.

EMPLOYEUR : Pour la deuxième année consécutive, nous avons été reconnus comme étant l'entreprise qui embauche le plus de personnes autochtones au Canada.
INUK: Hmm, hmm.

EMPLOYEUR : Nous n'avons pas d'Autochtones dans notre bureau d'Edmonton.
INUK: Hmm, hmm.

EMPLOYEUR : Est-ce que vous parlez Inuktitut?
INUK : Non.

EMPLOYEUR : Êtes-vous déjà allé au Nunavut?
INUK : Non.

EMPLOYEUR : Est-ce que vous lisez l'Inuktitut?
INUK : Non.

EMPLOYEUR : Nous avons besoin de quelqu'un qui puisse traduire pour nous.
INUK: Hmm, hmm.

EMPLOYEUR : Est-ce que vous connaissez quelqu'un qui pourrait faire ce travail?
INUK : Oui. Pourrais-je vous demander en quoi consiste cet emploi?

EMPLOYEUR: Hum…Hum… euh, variable.
INUK: Variable? Qu'est-ce que ça veut dire?

INUK : Avez-vous besoin d'un Eskimo?
EMPLOYEUR : Eh bien …

INUK : Vous avez besoin d'une personne inuit dans l'équipe?
EMPLOYEUR : En un sens … nous…

INUK : Combien était-ce déjà par heure?
EMPLOYEUR : À négocier!

Au bureau

Assise sur la chaise pivotante
Les touches du clavier ergonomique forment
un aigle en plein vol

Le clic, clic, cliquetis
Des touches de clavier, je tape les mots
Des mots de rien
Je cliquète et claque à propos de choses

Choses qui n'iront nulle part pour personne

Se lever chaque matin et enfiler ces
Pantalons chics repassés
Prendre le train, s'asseoir dans un cubicule
Et rester assise, sise, sise

Je cliquetis-claque

« Affaires autochtones et Développement du
nord Canada »
Je tape les mots de rien
Comme une encre invisible
Tous les « je suis désolée » pour ceci et cela
Oups, l'encre invisible s'est renversée sur
les pages blanches
Les pages blanches qui contiennent les numéros
de téléphone
De tous les Autochtones aux vies foutues en l'air

Baisés en bonne et due forme sur leurs putains de droits
Les droits autochtones rédigés avec de l'encre invisible
Sur du papier bond en 8.5 par 11

Au fait, où est l'imprimante?

Les Jeunes Imbéciles
(Réponse au poème de Larkin *Les Vieux Imbéciles*)

Ça porte des skinny jeans et enfile des bottes
La craque des fesses pend jusqu'à terre.
Qu'est-ce qui les pousse à s'habiller de cette manière?
Dire « GENRE » à répétition,
un mauvais anglais qui va avec
vos manières déplorables de communiquer
vers le monde.
Texto. Poste sur Instagram.
Penser que tu as économisé aujourd'hui.
iPhone c'est ce que tu préfères et Facebook – ton seul ami
Où est le respect? La considération pour les mots
de l'Aîné tournés
de manière à ce que tu comprennes et pour t'aider à
donner sens au temps qui passe.
« ARRÊTER » est un mot vide,
Tu sais seulement appuyer sur « ENVOYER »
Écouter des mots près des braises qui s'éteignent t'ennuie
Pas de sonnerie ou de message en attente, c'est un crime
      Ne comprennent-ils pas?

Dans cette vie, tu ne sauras pas ce que dit la lune
Ce qu'elle nous dit de la pluie ou de la neige,
sur quand aller pêcher
Tu es aveugle face à la feuille incurvée,
ne sais pas ce qu'elle cherche
Dans les brûlantes journées d'été, l'iPhone8 ne remplira pas
ton assiette pas plus qu'il ne murmurera
un souhait aux étoiles
Il n'y a pas d'appli pour cela, pas d'appli pour les nuages ou
Le vent tu ne porteras pas nos mythes d'origine –
C'est trop rudimentaire
Se souvenir de l'histoire de ta anaana

Ce n'est pas écrit sur un écran pour te faciliter la tâche
Ça ne peut pas être vrai si Google ne peut le chercher
et le trouver.
Pas de nourriture du paradis, la mémoire n'est pas manna
      Appareil éteint – pour un petit bout de temps?

Peut-être les jeunes manquent-ils de temps pour
se souvenir.
La remémoration attend que ceux qui ont plus
de trente ans.
La tradition est-elle encore quelque chose
d'autre sans bonheur?
Les vieilles histoires ne procurent pas
de plaisirs instantanés.
YouTube a tout ce qu'il faut, La vérité tout entière
diffusée avec fracas en format vidéo
Et qui se répand dans le monde entier
Pas de mamies qui discutent autour d'une tasse de thé
et une assiette de mœurs banniqués.
C'est nouveau, c'est vivant, et en direct sur
des écrans allumés
Pas sur de la mousse piétinée parsemée de bleuets
Pas sur les lignes de trappe tachetées des larges
empreintes du husky qui pousse des hurlements
aboiements mêlées aux accords de guitare
      La vie est cyber-passages.

Pas de concept de comment le temps creuse devant nous
Et il est déjà trop tard pour entendre les mots de l'Aîné.
Plus excitant est le train-train quotidien,
la vie délimitée par les horaires
De bus, les ères tic-talk l'horloge sur le visage-téléphone
Pas le poignet, pas de moments marqués
par la migration des oiseaux.
Les saisons sont perdues pour les jeunes, la vérité du passé

Se fend en trous noirs vides, menace la chasse d'autrefois
La confiance que quelque part,
quelque âme courbée s'abaissera à
Ramasser les mots et les rapportera aux gens
La mémoire de ce qui était et est, fais-en sorte qu'elle dure
Dans la première forme orale, remue la soupe spirituelle
L'espoir est ici, pas le passé.

Plus au sud

J'ai grandi dans le nord
Pas dans le nord nord
Les autres Canadiens l'appelleraient le nord.
Certainement pas les Inuit.

Chaque été nous allions camper
Mon père était muté
par l'armée
tous les deux ans.

Il était bon chasseur et
notre nourriture principale était celle
du territoire.
Du territoire sur lequel nous vivions.
Orignal, chevreuil, et caribou.

La cueillette des baies était un événement saisonnier.
Bleuets, et baies de Saskatoon étaient
Transformés en confitures, gelées et tartes.
Chaque année, les poissons remplissaient
le congélateur.

C'était ainsi que nous vivions
Mais nous n'étions pas au Nunavut
Nous étions plus au sud.

Famille

À cette période de l'année, nous recevions des nouvelles des uns et des autres. Des nouvelles qui, en temps normal, ne parvenaient pas jusqu'à nos oreilles. Les doux vents de l'été se mêlaient à ses ronflements. Chacun de nous se réveillait la nuit pour utiliser le pot de chambre en céramique. Nous avions des fous rires sous les vieilles couettes et, pour une fois, nous n'avions pas pris avec nous les draps du Département de Défense Nationale. Nous goûtions à la liberté. Libérés des montres, des écoles et des livres. Je n'avais plus à porter de souliers jusqu'à la rentrée des classes. On était aussi libéré de la picole.

Pendant cette seule saison de l'année, il ne se saoulait pas. Nous étions une vraie famille pendant ces jours-là. Les journées chaudes avec les routes en gravier qui répandaient de fines particules de poussière dans le vieux wagon. La poussière s'accumulait sur notre peau par-dessus la saleté qui s'y trouvait déjà. Nous sentions le feu de camp et la sueur. Nous courions dans les bois pieds nus et jetions des cailloux dans les ruisseaux, les rivières et les océans.

Il y avait ce moment où, chaque soir après le souper, nous prenions une vieille batte en bois et une balle en caoutchouc indien. Il nous lançait la balle et on courait pour l'attraper – sans gants.

Twap! La petite balle noire nous tombait dessus comme une météorite pendant qu'il criait combien de points ça valait. « Cent! » criait-il.

Nous courrions comme des lièvres, zigzaguant pour atteindre la balle, nous poussant les uns et les autres au passage et riions. La balle s'écrasait dans nos paumes et, peu importait la douleur, nous ne nous plaignions pas. Nous étions fiers de nos paumes pleines de bleus et à la fin de chaque soirée, nous nous montrions nos mains tachetées de violet et de rouge avant de nous endormir. Le soleil disparaissait à l'horizon. Il jouait avec nous jusqu'à ce qu'aucun d'entre nous ne puisse plus voir la balle. Des journées à rester assis dans un vieux wagon humide de la station et des nuits pleines de caoutchouc indien et de feux de camp. Nous savions tous une chose : bientôt nous devrions aller rendre visite à ces gens.

Chaque été, notre liberté était mise sur pause. Ses gens, des gens très blancs, des fermiers qui gardaient leurs maisons propres comme un sou neuf avec leurs routines sévères. Il était le plus jeune de ses quatre frères et trois sœurs et arrivait avec sa sale petite bande d'enfants à la peau sombre. Je suis certaine qu'ils le prenaient en pitié, leur côté presbytérien blanc. Mon père avec ses enfants couleur de boue et elle. Elle avait été cette grosse tâche noire sur une famille d'yeux bleus et de cheveux blonds. Aucun d'eux ne l'aimait. Nous le savions. Nous ne les aimions pas.

Le travail à la ferme manquait à Papa, c'était la manière dont il avait été élevé. L'été était le moment où il retrouvait ses racines. Cette partie de l'été était le temps où on se lavait les mains et on restait tranquille dans des maisons chrétiennes réformées. Tous ses six enfants ont travaillé dans les fermes des tantes et des oncles. Nous habitions dans notre minuscule caravane, stationnée loin de la ferme. La distance nous signifiait où nous nous situions pour ces gens. De longues et chaudes journées d'été à travailler dans les champs et les jardins des autres en souhaitant que septembre arrive au plus vite sur la page du calendrier.

Une de mes tantes et un oncle étaient les seules personnes que je connaissais qui gardaient leur salon emballé dans un plastique épais. Ça couvrait tout. Quand nous leur rendions visite, nous étions les enfants sauvages, sales, qui devaient rester tout le temps à l'extérieur. Nous n'étions autorisés à entrer que pour les repas, les pieds sous la table, après avoir décapé nos mains comme des chirurgiens. Nous n'étions pas autorisés à parler à table. La tante voulait seulement nous regarder. Elle m'a invitée à lui rendre visite un soir, seule.

Je suis assise sur le plastique épais. C'est comme rencontrer la Reine, être introduite dans une pièce où personne d'entre nous n'a jamais eu de place et s'asseoir sur une chaise. Ce qui faisait couler ma transpiration dans la rainure des fesses. La tante tient une boite sur les genoux. Elle me lit sa poésie. Des mots qui riment et m'ennuient.

Je ne comprends pas pourquoi je suis seule avec elle et je ne me sens pas à l'aise. Je souhaite que ma mère vienne nous rejoindre. La tante lit un extrait de son travail et ensuite commence à lire le mien. Je n'en reviens pas. Je ne savais pas que ma mère envoyait à quiconque mes poèmes dans sa correspondance. Son accent britannique rendait le son de mes mots bizarre et étranger. Je ne dis pas un mot tout le long. Je veux seulement que ça cesse.

La tante retire les lunettes de son nez et dit : « Tu dois continuer à faire cela. Tu as un don. Il est important que quelqu'un écrive sur l'histoire de la famille ». J'opine du nez et demande à quitter la pièce. La déception émane de son corps frêle. Les enfants sauvages ne comprennent jamais rien correctement.
Je croise ma mère dans la cour de la ferme.

Maman fait une pause avec une cigarette roulée. Nous nous regardons. Nous grimaçons, chacune essayant de réprimer les rires qui bouillonnent en nous. Comme de sales gosses, nous nous regardons de biais. Nous ne disons pas un mot.

J'ai hâte de quitter les fermes et de retourner à notre routine de voyageurs. Routine qui consiste à faire la cuisine sur les feux de camp et d'arborer nos paumes couvertes de bleus comme des médailles de courage. La batte et la balle me manquent et son cri de ralliement « cent! » quand nous nous poussions les uns les autres pour essayer d'attraper le point noir qui tombe du ciel.

Ataatattiaq Mitsilik
(Grand-père, qui dit la vérité)

J'essaye de faire sens de tout ça dans ma tête
Où ça a commencé et comment il l'a rencontrée elle
Et puis elle, et puis elle.
Est-ce qu'il a aimé l'une d'entre elles?
Est-ce qu'il les a toutes aimées?

Mon frère en parle comme s'il savait
Mais il ne sait pas.
Il sait ce que les vieux trappeurs disent mais
Ils ne lui ont jamais parlé d'elle et elle et elle.
Ils parlent de lui.

Il était solide et petit et rieur.
Il la parlait, la vivait, la mangeait et lui dormait dessus.
La nuit, il la baisait.
Elle et elle et elle.
Ils ont fait des enfants,
Une fille et une fille et une fille.

Est-ce qu'elles l'aimaient lui?
Une est morte.
Une a été vendue.
Une a vieilli près de lui.
Est-ce qu'il y avait de l'amour en eux?

Réduite au silence une première fois
Recolonisation Part I

J'ai passé six semaines à suivre un cours de poésie avec une poètesse de renommée mondiale. Les pages qui suivent racontent ce voyage. J'étais l'étudiante la plus âgée. J'étais également la seule étudiante autochtone dans la classe.

Le 6 septembre
Mises en garde de La Rose

Les à faire et à ne pas faire – pas d'eau, pas de café, pas de ci ou ça. La Rose sonne comme la méchante prête à bondir sur chacun d'entre nous et à nous jeter dans la réalité de la Poésie. « Énorme » - Vous venez d'utiliser le mot de La Rose … si chacun pouvait posséder un mot, quel qu'il soit. Note à moi-même, « ne plus jamais utiliser « énorme »… »

On attendait de nous que nous apprenions par cœur. Visions de ma professeure de cinquième année du primaire, Mme MacDonald. Une règle serrée dans son petit poing osseux, elle frappait l'arrière de mes genoux. Avec les centimètres, les pouces et les mètres, alors que nous nous levions un par un, près des bureaux en bois dur et lui récitions notre poème de la semaine. Des coups brusques, durs, cuisants frappant l'intérieur de la peau douce du genou et distribués à chaque fois que nous faisions une erreur.

La Rose est dans ma tête, avec une règle près de moi. Cette nuit, je m'allonge sur le lit et je pense à Robert Frost et à tout le chemin qu'il a dû parcourir avant de pouvoir dormir.

Des mises en garde du maître des Maîtres arrivent – ce qu'il faut attendre, ce qu'il faut faire, les autres m'avaient prévenu que La Rose essaie de virer Brit le Britannique et est-ce qu'une personne peut vraiment prendre un étudiant pour un esclave? Quel type d'esprit pense de cette manière?

Je lis la première œuvre par La Rose. Le mot en N. y était utilisé. J'ai aimé ça. Aimé que La Rose parle ainsi. Le dise directement. Maintenant La Noire La Rose écrit sur la tendre douceur de l'eau de mer. Que lui est-il arrivé?

Le 11 septembre
La Rose – Jour 1

Je suis assise dans un fauteuil dentaire pour recevoir mon premier traitement de canal pendant que le monde ferme ses aéroports et que les cieux sont vidés, c'est le silence de la terreur. Je suis de retour sur le fauteuil du dentiste avant mon premier cours avec la Rose, je regarde les vidéos de musique country sur un écran trop proche du menton. Alors que détartreurs et fraises s'introduisent dans ma bouche et retirent le tartre qui s'est introduit dans le creux de mes gencives, je me demande pourquoi le feu est tant utilisé dans chacune de ces vidéos alors que les guitares vibrent et que les filles pleurent. Est-ce que les images de plus d'une décennie ne comptent plus?

L'hygiéniste me parle de la nouvelle maison que son nouveau mari et elle construisent et j'essaye de participer à la conversation alors que mon émail est en cours de réparation. Des « Hmm » et des « oh » sortent de l'avant de ma bouche, les marteaux-piqueurs retirent les saletés et les sirènes vrillent dans mon cerveau, sans parler de la douleur causée par le traitement.. Est-ce que cette journée pourrait mieux se passer?

Le trajet pour me rendre au cours est faite de gorgées d'eau qui bruissent autour de ma nouvelle dent brillante, la salive âcre se mélangeant à la fumée de cigarette. Je m'inquiète d'être tardive, un mot qui est rarement utilisé aujourd'hui, mais le devrait car il sonne drôlement. Les mots sont remplacés, mis à jour, déplacés et recréés, et relocalisés mais au final, être tardif veut toujours dire être en retard.

La Rose est assise, une écharpe ronronnant autour du cou. Elle est charmante comme sur ses photos. Certaines personnes vieillissent avec grâce. J'attends que le savoir se déverse sur la table, le savoir de l'artisane qui a travaillé dur et longtemps et maintenant se consacre seulement à enseigner les autres en parallèle à son écriture. Je suis béate d'admiration.

Les mots arrivent : « Il n'y a pas d'autrefois en poésie. Tout est dans le présent. » Je dois effacer toutes ces visions de vieux types, des classiques et du classique, qui gravissent la colline et descendent la vallée, une couverture à la main. Je dois actualiser ces images. Les recréer dans le présent avec des iPads et des vers libres. L'histoire prend les couleurs de la technologie et se relocalise quelque part en moi. Brouillée et mélangée et brisée en un nouveau type de chant, Hardy me chante un chant de deuil exaltant.

Le 13 septembre
Un buffet de La Rose

Nous sommes tous surpris qu'elle nous parle ou nous écrive ou nous récite des poèmes et ensuite lise nos mots. Si j'étais une poètesse accomplie de presque 80 ans, est ce que je voudrais offrir un buffet de savoir à de si jeunes gens?

Les mots du buffet de La Rose font écho en moi et restent en moi. Pourquoi n'y avais-je jamais goûté avant?

Thomas n'a pas peur de montrer du courage et il a été héroïque.

Il est mort à la guerre. Il y était retourné.

Peut-être n'est pas sûr.

Pour Thomas, il y a du doute, de l'hésitation,
Il écrit comme un poète honnête.

Il examine chaque tension.

Le rayonnement est lent.

Le poème parle au poète.

Il y a un équilibre délicat entre l'articulation et l'artifice.

Respecte les rebords.

Le plus important : Si tu crois en tes mots – ils ont une grande force.

Le 18 septembre
Un peu plus sur Thomas

Le regard de la Maîtresse se fixe sur Thomas. Quelle est l'intention du poète? Pourquoi analyse-t-on ces vieux types morts? Comme il est facile de dire que quelque chose est « ceci » quand l'écrivain n'est plus là pour nous dire que c'est « cela ». Le cynisme commence à faire son chemin dans ma conscience. Je commence à questionner La Rose.

Elle est l'Aînée-Maitresse, mais je doute de son interprétation, du moindre détail qu'elle interprète pour nous. Les poètes morts ne peuvent pas nous parler de leur tombe, mais j'aime écouter l'Aînée-Maitresse, voir les mots à travers ses yeux. Comprendre la signification d'une respiration et d'une pause. C'est sa magie. L'Aînée-Maitresse observe en profondeur les mots. Si nous nous tenions tous debout dans un champ, les rayons de soleil la toucheraient en premier.

Mais je suis la plus âgée de cette classe. Le premier jour, nous étions seules pendant dix minutes. La

Rose me demanda : « C'est vous le professeur? » J'ai répondu : « Non, je suis une étudiante ». Son visage montra du mépris. Elle n'appréciait pas d'avoir une étudiante plus âgée dans la salle. Elle n'aimait pas avoir une adulte assise sur une chaise au bout de la longue table. En plein dans son champ de vision. Dès le premier jour, elle commença à m'ignorer. Parlant à ceux à gauche. Parlant à ceux à droite. Mais jamais à moi. Ses yeux ne regardaient jamais dans ma direction.

J'ai ressenti tout cela lors du premier cours, mais j'ai essayé de l'ignorer. Le sentiment d'être réduite au silence grandissait à chaque seconde qui passait. Cent quatre-vingts minutes plus tard, je savais que ma présence n'était pas la bienvenue. Je savais que mon âge n'était pas le bienvenu. Je savais que mon Inuitité la contrariait.

Si je me tenais debout dans un champ, les rayons du soleil ne me toucheraient jamais. La Rose, elle, serait sur leur passage.

Le 27 septembre
Rabaisser, séduire

Je suis tellement en colère – je n'arrive plus à parler
ou à penser
Est-ce que l'Aînée-Maitresse a perdu toute humanité
aujourd'hui?
Mes mots tournent en giclant dans l'évier sale
de la cuisine
La vérité inuit est un pur jeu d'enfants.

« La poésie n'a pas de place pour la douleur! »

Elle sait ce que les pensionnats autochtones ont fait
Derrière les portes fermées et les murs.
Ma mère était seulement une enfant.

Aînée-Maitresse fait fit de tout cela.
La Rose enlève le sujet de mes mots
Et souligne une phrase mal tournée
Traitant mes mots comme une mauvaise blague
« Je hais ces mots étrangers – supprime les »
L'Inuktitut est autochtone pour moi, pas pour elle
« Écris dans une seule langue! Ne sois pas un simulacre! »
L'Inuktitut n'est pas permis.
Je suis l'âne de la salle.

La forme sur le papier soudainement compte.
La salle se tait.
Le silence est fissuré de bavardages
Déplace un mot ici, enlève cette phrase,
brisée est ma volonté
De dire la vérité, la seule vérité, pour l'Aînée maitresse
Ce sont des déchets, c'est de la bouillie.

Le respect restera
Parce qu'il le doit
Dans mon cœur
Se trouvent les sentiments difficiles
Mais comme ma mère, je serai sage
Bientôt l'Aînée Maîtresse s'en ira.

Le 2 octobre
Rejetée et irrecevable

Quel est le pire? Être mise sous le feu des projecteurs ou
être rejetée dans le silence?
Qu'est-ce qu'il se passe dans cette tête aux cheveux
blancs quand je lis?
Pense-t-elle à ce qu'elle va manger à midi ou à si elle
devrait faire ou pas une sieste dans la lueur du faible
soleil d'après diner?

Elle médite à voix haute,
« Qu'ai-je donc fait pour mériter autant de respect?
Je pense : « Comment sais-tu que tu l'as? »

Aujourd'hui mes mots sont mis de côté sans
un gémissement,
un grognement ou même un léger bâillement.

Mes mots sont balayés avec lassitude dans les airs,
d'un geste de sa main anguleuse
Et sont placés silencieusement sur la pile
Des « Déjà-lus et commentés »
Aujourd'hui mes mots ne reçoivent pas
de commentaire verbal
Nous voyons tous le geste physique de La Rose
Pour m'intimer au silence.

Les autres étudiants sont assis comme des pigeons
sur un fil électrique,
Ne sachant pas ce qu'ils feront après.
Donc ils ne font rien du tout.

Pas un signe d'émotion,
Pas un geste du corps,
Pas un mouvement de la tête.

Mes mots sont muselés.
C'est comme être mis en attente pendant un très
long moment et entendre le léger clic qui signale que
l'appel est fini.

C'est bien que mes camarades de classe la perçoivent
comme une déesse de la poésie.
Ils ne reconnaissent pas ce qui se passe devant eux.
Ils restent sur la ligne des pigeons.
Ils sont complices

Lors de notre avant-dernière séance
Elle s'est assurée que je passe en seconde classe.

Dernière séance

La Rose a eu ce grand geste d'inviter
Ses admirateurs à dîner pour le derniers cours.
J'ai appris deux choses avec La Rose.
Pour contrarier l'Aînée Maitresse :
Numéro un : se montrer en classe.
Numéro deux : continuer à respirer.
Mais en cette dernière journée,
Je ne supportais plus de la regarder manger.

Des années plus tard

J'envoie un texto à mon fils :
La Rose est morte aujourd'hui!
La meilleure Saint-Valentin de ma vie! Xo

Réduite au silence une deuxième fois
Recolonisation partie II

Non-publiée

Je gis ici dans l'utérus de la non-publication
Je patauge dans le fluide amniotique de l'anonymat

On m'a dit pendant trois ans
Que j'émergeais

À une contradiction près que je n'avais aucun contrat
Le canal de naissance des éditeurs ne se dilatait pas

De nombreux refus
Des petites maisons d'éditions qui manquent
de personnel, qui surtravaillent

« Nous n'avons pas le temps pour la poésie »
« Travail intéressant, à améliorer »

Les autres écrivains chantent
« Je euh voudrais euh te voir euh, euh, euh, fiou, Publiée »
Alors que les contractions de l'accouchement se font
de plus en fortes

J'ai ces jours
Ces jours où j'entends les halètements des autres

Pousser mes mots vers l'avant
À l'extérieur dans le monde
Pendant que je me bats pour rester
À l'intérieur de l'utérus de la non-publication

C'est sécuritaire ici
Personne ne me dit que j'ai tort
Personne ne dit que je suis fausse
Personne n'écoute si ce n'est moi-même

Quand j'envoie mes mots
À une maison d'édition
Je dis aurevoir à l'enveloppe
Et leur murmure bonne chance

Je leur dit que je serai toujours là
À les attendre quand ils reviendront

Rejetés et abattus

Je leur rappelle qu'ils seront toujours miens
Peu importe ce que le reste du monde pense

Je les emmitouflerai contre moi
Enveloppés dans une douce flanelle de bébé

Les berçant près de ma poitrine
Leur chantant sur un ton murmuré

C'est le monde du non publié
Ceux qui attendent

Un hochement de la tête, le feu vert des docteurs de
la publication
Taper une fois mes mots sur les fesses

Alors que je tiens mon manuscrit
tête en bas et que je proclame

« C'est un succès! »

Et c'est arrivé. « Le Succès » a été publié. Après toutes ces années d'écriture et de réécriture. Toutes ces années où je l'ai gardé près de moi. Mon MANUSCRIT. Mon bébé. Personne ne l'aimera autant que moi. Personne ne le comprendra mieux que moi. Personne veillera sur lui autant que moi. Je l'adore.

Et je l'adorerai toujours. Mais je les laisse aller dans le monde, dans une enveloppe brune. Je les ai embrassées au bureau de poste. Je leur ai dit « amusez-vous les filles ». Je les ai insérées dans l'ouverture de la boîte aux lettres. Un autre type d'accouchement. Je m'inquiétais pour elles. Comment allaient-elles? Pas un mot de l'éditeur. Pas un murmure. J'attends qu'une année passe d'un battement. J'envoie un courriel. Oui, ils l'ont, ainsi que les autres filles. Un problème de communication. Ils viennent de les transmettre aux lecteurs. Les lecteurs les aiment toutes. C'est un succès!

L'édition, la réécriture des réécrits. La révision des réécrits de la réécriture. La mise en page. Le design de la page de couverture. La photo de moi que je déteste sur le rabat de la couverture. Les discussions et les discussions, et les discussions et la voilà partie chez l'imprimeur. Elle est et n'est pas l'idée que j'avais d'elle. Elle est mal comprise.

Je pense à sa sortie en format papier. Elle ne sera plus seulement à moi. Je me tiens souvent sur le balcon et observe les étoiles dans le ciel nocturne. Je m'inquiète pour elle. Je fume trop de cigarettes. Elle appartient à tout le monde. Elle ne sera plus seulement ma fille. La fille qui vivait en moi pendant des décennies. La fille que j'ai portée.

J'ai reçu un appel de l'éditeur. Elle est là. Viens la voir. Je ne veux pas. Pas tout de suite. Je reste à l'écart. Est-ce qu'on se connaîtra toujours? Est-ce que nous allons nous reconnaître? Est-ce qu'on va se décevoir l'une l'autre? J'attends et je pense à comment elle se sentira dans mes mains. J'hésite à célébrer mon bébé qui a fait son entrée dans ce monde.

J'éclate en sanglots alors que je la tiens enfin, comme pour chacun de mes fils. Je la tourne et la retourne encore et encore. Je passe mes mains devant et derrière. Je l'observe dans tous ses détails. Je l'aime. Je veux la protéger. J'ai peur de ce que ce monde lui fera, comme j'ai eu peur pour chacun de mes fils.

Ça commence enfin. Les lancements. Le premier, le second, le troisième. Les lectures, les discussions. J'aime que les autres l'aiment aussi. Je voyage avec et pour elle. J'ai mémorisé les parties les plus difficiles à écrire. Les vérités difficiles. Je pratique encore et encore avant chaque lecture. Elle est magnifique.

L'éclat d'un long et joyeux accouchement ne dure pas.
Ils veulent l'opérer.
J'ai donné naissance à une anomalie.
Elle est découpée.
Elle est coupée en tranches.
C'est fait rapidement et calmement.
On me dit que je vais la recevoir sous une nouvelle forme.
L'imperfection a été retirée.
Elle restera semblable mais affinée.
Personne n'a besoin de le savoir.
   C'est fini.
    C'est le début de l'hiver.
  C'est un avortement.

Le jour du souvenir

Aujourd'hui nous prenons un moment
Pour ceux qui
Nous ont gardés ici
Nos ancêtres d'il y a très longtemps

Debout près de nous
Aux cénotaphes
Nous penserons à ce qu'ils auraient pu être
Chacun de nous avec son père qui a combattu

Pour nous garder tous ici
Nos Pères sont revenus chez eux
Nous les honorons avec 60 secondes de silence

Nous les honorons encore plus
En combattant pour ce qui est juste
En combattant pour rester libérés
De ceux qui nous avaient attachés

Avec des règles et des lois
Effaçant notre droit à la parole
Et à toute écriture
Fiction ou pas

Faire taire surgit dans les formes
plus démocratiques

Les balles sont moins visibles
La douleur reste la même
La tombe de l'écrivain inconnu
Gardée par John Doe
Est-ce que le bâillonnement équivaut à la mort?

La famille et quelques proches sont étonnés des résultats de la petite vie de mon bébé. Âgé de moins de cinq mois et ils l'asphyxient lentement.

Je m'enfuis au westward ocean, à la ville sur l'île. Il neige le jour de noël. La ville se réjouit. Je pense au bien que cela me fait d'être loin de ce qui blesse. Je pense au bien que cela fait de ne pas être regardée. Je n'ai qu'à être une étrangère.

Le 29 décembre

Repoussé, encore et encore
Assise à l'aéroport je me demande

Comment d'autres personnes peuvent dormir
En public et ne pas se sentir mal à l'aise face
Aux passants qui jettent un coup d'œil
dans leur direction

Je pense qu'ils devraient mettre
Comme qualité sur leur CV
« Je peux dormir en public »

À la maison. Trois heures plus tard
Que ce qui était prévu et j'essaye
De décongeler un chili pour le souper

Je m'étais assiste à côté d'une aînée des aînés
Qui m'a dit qu'elle était venue au Canada
En provenance de la Norvège en 1949
Avec son mari qui est décédé depuis

Elle me demande d'où je viens.
Je réponds : « Je vis à Edmonton depuis maintenant 27 ans »
Elle semble confuse et demande
Encore une fois, « Mais d'où venez-vous? »

Je lui dis que je suis Inuit
Elle secoue la tête près de ma
Bouche,
M'indiquant de répéter
Je recommence encore
Et encore

Et finalement j'hurle « Je suis Eskimo! »
Un mot qu'un aîné immigrant comprend

« Oh », dit-elle, « Je me suis posée la question…
Parce que vous avez la peau si sombre, et
Votre teint est beau
Je pensais que vous étiez espagnole »

Je lui souris en me demandant comment
Le mot « Eskimo » peut encore
Avoir du sens au Canada

Je penche ma tête vers en arrière et ferme les yeux

Elle avait l'air tellement déçue
Je n'en peux plus
Tellement fatiguée
Tellement malade d'être gentille

Je n'en peux plus d'être gentille
Je n'en peux plus d'être réduite au silence
Je suis prête à protéger ma fille de la même manière
que mes fils
Je suis prête à faire face aux loups blancs
Je suis prête à parler
Je suis prête à les voir gémir
Il est temps

Il est temps que le monde entier sache que nous ne pouvons plus réduire au silence les écrivains. Il est temps que le monde sache que nous ne pouvons pas, qu'il n'est pas possible de contrôler la créativité. Il est temps pour les loups blancs d'abandonner une cause qui ne leur appartient pas. Qu'ils ne partagent pas. Une création sortie tout droit de leurs imaginations.

Les gens en qui j'avais confiance se sont dispersés. Les gens en qui j'avais confiance ont disparu. Il n'y a plus personne. Il y a moi. Il y a elle. Il y a seulement nous. Seules.

C'est une longue bataille.

Je pense seulement à une chose quand je suis au milieu de ce bordel : « Au lieu de s'irriter des propos des écrivains, et de les accuser de vouloir créer le désordre, qu'ils ne font que décrire et annoncer, on ferait mieux de les écouter plus attentivement et de prendre plus au sérieux leurs avertissements prémonitoires. » *(Albert Memmi, 1985, Édition Gallimard)*

Tainna

Je suis née dans le sud et j'ai reçu l'éducation d'une femme inuit. Je ne parle pas couramment l'inuktitut. Je n'ai pas été élevée en mangeant de la viande crue. Je n'ai jamais été au Nunavut, ou dans ma communauté ancestrale à Whale Cove. J'ai été élevé dans une forme silencieuse d'autochtonie. Une autochtonie que l'on priait de taire a survécu dans ma maison pendant mon enfance. Être une Inuk n'était pas un sujet de discussion. Je ne dis pas cela avec colère. Je le dis, parce que je pense que de nombreux enfants autochtones sont élevés de cette manière. Je ne savais qu'une seule chose quand j'étais une petite fille. Je savais que je n'étais pas blanche.

Je me souviens entrer chez moi, un samedi après-midi d'été humide. Nous vivions sur une petite base militaire. Ma mère coupait les pommes de terre pour faire des frites. L'odeur de l'huile chaude emplissait la maison. Je me suis tenue derrière elle et je lui ai demandé : « Maman, qu'est-ce que nous sommes? » Elle s'est retournée, surprise. Elle s'est penchée et a pointé son index de la main droite tout près de mon visage et m'a demandé, « Pourquoi? » Quand ce doigt était utilisé, cela voulait dire que j'étais dans de sales draps. C'était vraiment sérieux.

Je lui ai dit que les autres enfants, sur le terrain de jeu, parlaient du fait qu'ils étaient Irlandais, ou Suédois, de comment leur famille était venue de loin. Je me souviendrai toujours de ce qu'elle m'a dit « Dis-leur que t'es française! T'es née au Québec, et c'est tout ce qu'ils ont besoin de savoir! » J'ai fait comme elle m'a dit jusqu'à mon adolescence.

Ce souvenir reste avec moi, parce que ça ne ressemblait tellement pas à ma mère. Ma mère était une femme inuit. Petite carrure, des mains intelligentes, et toujours un rire ou un sourire sur le visage. Elle a vécu ses premières années dans le district du Keewatin dans le nord du Manitoba. Ce qu'elle m'a transmis était ses manières de savoir et d'être, d'une Inuit Padlei. Ce n'est pas quelque chose que l'on enseigne dans une école. Quand elle était une petite fille, ses deux sœurs et elle ont réussi à survivre pendant huit années complètes dans un pensionnat situé à l'extérieur de Winnipeg. Cela coutait trop cher de renvoyer les enfants du nord chez eux pendant l'été.

Une de mes taties a été étiquetée « impossible à former » et a été envoyée dans un asile. Après un moment passé là-bas, elle a été libérée et a passé une vie calme à travailler dans la buanderie de l'hôpital de Winnipeg. Elle ne s'est jamais mariée. Elle n'a jamais eu d'enfants. Mon autre tatie est le dernier membre vivant de la famille de ma mère. Elle a 96 ans. Elle est mariée et a vécu une vie de femme de trappeur.

Elle est celle qui acceptait de nous rendre visite. Elle est celle qui nous parlait volontiers de toutes ces choses dont nous ne parlions jamais. Elle est celle qui a remis le passé sur le tapis. Les nonnes, l'école, la vie d'avant, « le couvent ». Elle est celle qui a brisé le silence. À l'âge de 16 ans, elle a confirmé qui j'étais. À l'âge de 16 ans j'ai su que j'étais inuit. Je ne l'ai jamais dit à quiconque à l'extérieur de la maison.

Dans mes années d'enfance, il y avait de nombreux silences, pas seulement sur le fait d'être Inuk, mais nous ne parlions aussi jamais des abus domestiques ou de l'alcoolisme qui faisait rage dans toutes les maisons militaires dans lesquelles nous avions vécu. Cela m'a pris de nombreuses années pour mettre un peu d'ordre, pour trier. Pourquoi nous ne disions jamais ce que nous étions? Pourquoi nous ne rendions visite qu'à la famille de mon père? Des agriculteurs.

Pourquoi ses frères et sœurs nous ont traités comme de sales petits sauvages? Les enfants aux cheveux sombres, aux yeux sombres qui devaient se laver les mains encore et encore.

Mes parents accordaient beaucoup d'importance à l'éducation même eux-mêmes avaient eu peu d'opportunités. Il était important que chacun de leurs enfants finisse les études secondaires, mais l'université n'a jamais été présentée comme une option. Il me semble que cette mentalité qui consiste à s'arrêter à la fin du secondaire existe toujours dans de nombreuses familles inuit. Il est merveilleux de voir n'importe quel Inuit terminer un diplôme universitaire.

De mon côté, je n'ai jamais pensé un jour entrer à l'université. Je suis la mère de trois garçons maintenant adultes et de quatre petits-enfants. Les années d'éducation de mes fils se sont passés dans les logements sociaux d'Edmonton. Quand mes enfants et moi nous sommes installés à Edmonton, il y a 27 ans, c'était dans cet endroit que les services sociaux nous ont placés. J'ai pensé que je pourrais nous sortir de là en l'espace de 4 ans, mais cela a pris deux fois plus de temps. Les deux premières années à Edmonton, nous étions une famille qui s'en sortait grâce à l'aide sociale. J'ai tellement travaillé pour garder notre maison de ville propre. J'ai travaillé dur pour laver et repasser les vêtements de mes fils. Je ne voulais pas qu'ils aient l'air de vivre de l'aide sociale, même si notre adresse disait à l'école que nous l'étions.

J'étais comme ma mère, en cela je ne les ai jamais autorisés à s'identifier comme Inuit quand ils étaient à l'école. Nous étions des personnes des logements sociaux d'Edmonton, et il n'y aurait pas une couche supplémentaire qui déterminerait ce qu'ils sont selon le système scolaire. Ils ne seront pas ségrégés. Ils ne seront pas catégorisés comme des étudiants autochtones. Nous étions déjà dans un cycle de pauvreté, mais nous n'avions pas à en avoir l'air, ou permettre à quiconque de nous identifier encore plus. J'ai commencé à faire le ménage, la nuit et pendant la journée, dans diverses entreprises et familles. Ils payaient en argent comptant. Les gens des programmes sociaux n'avaient pas à savoir que cette rentrée d'argent existait. À un moment donné, j'ai réussi à obtenir un emploi en tant que magasinière, et peu de temps après, je travaillais dans les bureaux de l'entreprise. Enfin nous avons pu déménager des logements sociaux d'Edmonton.

J'ai commencé à apprendre comment on transportait les marchandises dans le monde entier. J'ai passé près de dix-sept ans en tant que logisticienne, dans trois différentes entreprises basées à l'internationale. Quand mes enfants ont terminé le lycée, je leur ai dit qu'ils pouvaient commencer à s'identifier comme Inuit. C'était dur pour eux, parce qu'ils n'en avaient pas été autorisés jusque-là. Mais ils ont obéi, et ce n'était pas avant que chacun ait quitté la maison que je leur ai permis de porter leur carte de bénéficiaires du Nunavut dans leur portefeuille. Leurs cartes de bénéficiaires étaient leur cadeau de départ de ma part.

Est-ce qu'on est Inuit si on n'a pas été élevé sur la toundra? Est-ce qu'on est Inuit si on ne parle pas Inuktitut? Est-ce qu'on est Inuit si on ne mange pas la nourriture traditionnelle du territoire qui ne se trouve pas facilement au sud? J'écris sur comment j'ai été mesurée en tant qu'Inuit. J'écris sur la manière dont cela m'a affecté. J'écris sur les autres Inuit qui ont travaillé pour survivre dans les régions du sud du Canada. J'écris sur le courage que nous avons dû chacun rassembler en raison de l'endroit où nous vivons.

Je pense aux bébés inuit qui se trouvent aujourd'hui dans le ventre de leur mère et à ceux à venir dans le futur. Je veux leur dire qu'ils sont Inuit peu importe là où ils sont. Je veux qu'ils soient sans peur et confiants. Mes écrits sont dédiés à tous les Inuit canadiens du Sud.

Inuttigut Nous les Inuit – nous sommes ici bien présents.

Table des matières

BIOGRAPHIE DE LA TRADUCTRICE

Hatouma Sako a grandi dans une famille plurilingue qui faisait coexister joyeusement culture de l'oralité et culture du livre sans rapport de forces. Elle en a hérité une passion pour l'apprentissage des langues, la poésie, la littérature, les pratiques performancielles, et la certitude que les langues constituent la plus grande richesse humaine. L'expérience de la traduction et la pratique de l'anthropologie lente lui permettent d'explorer et de cultiver sa sensibilité pour les entre-deux et les entre-plusieurs. Elle a enseigné la littérature française à l'Université Paris Diderot de 2007 à 2012, la transcription phonétique à l'Inalco (Paris) et a été auxiliaire d'enseignement en ethnolinguistique ainsi que coordonnatrice de recherche à l'Université de Montréal. Elle vit à Montréal où elle travaille sur des projets qui lui tiennent à cœur.